SER NIÑO

por Maya Ajmera y John D. Ivanko

con una introducción de Chris Kratt y Martin Kratt de los
programas de PBS *Kratts' Creatures* y *Zoboomafoo*

SHAKTI for Children

Charlesbridge

Ser niño en . . .

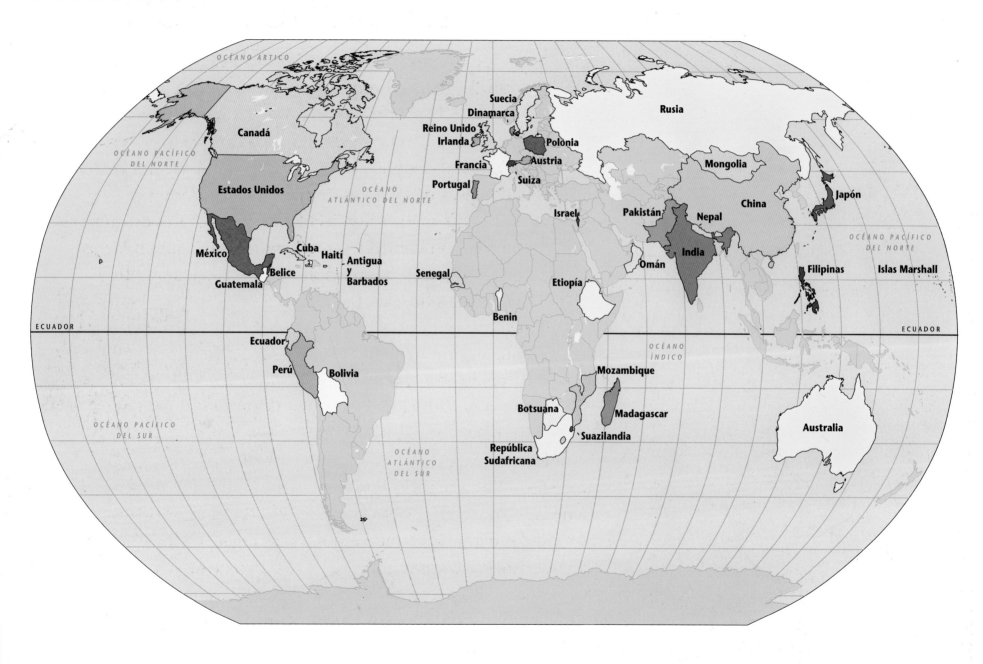

OCÉANO ÁRTICO

OCÉANO PACÍFICO DEL NORTE

OCÉANO ATLÁNTICO DEL NORTE

OCÉANO PACÍFICO DEL NORTE

Canadá

Estados Unidos

México

Guatemala

Belice

Cuba

Haití

Antigua y Barbados

Ecuador

Perú

Bolivia

ECUADOR

OCÉANO PACÍFICO DEL SUR

OCÉANO ATLÁNTICO DEL SUR

Suecia

Dinamarca

Reino Unido

Irlanda

Francia

Portugal

Polònia

Austria

Suiza

Israel

Senegal

Benin

Etiopía

Rusia

Pakistán

Nepal

Mongolia

China

Japón

India

Omán

Filipinas

Islas Marshall

OCÉANO ÍNDICO

Mozambique

Botsuana

Madagascar

Suazilandia

República Sudafricana

Australia

ECUADOR

INTRODUCCIÓN

En nuestras "aventuras de criaturas" alrededor del mundo, hemos hecho muchas amistades con niños como tú. Los niños nos ayudaron a cuidar los *wombats* en Australia, a encontrar direcciones en Kenya y, en Botsuana, nos enseñaron juegos muy divertidos como las "peleas con pelotas de estiércol de elefantes". Dondequiera que hemos ido, los niños han sido grandes amigos, ayudándonos, dirigiéndonos e inspirándonos. Si hay algo que hemos aprendido en todos nuestros viajes, ha sido esto: Los niños son niños dondequiera que vivan.

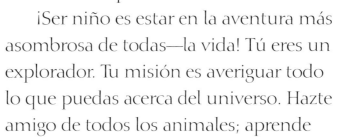

¡Ser niño es estar en la aventura más asombrosa de todas—la vida! Tú eres un explorador. Tu misión es averiguar todo lo que puedas acerca del universo. Hazte amigo de todos los animales; aprende acerca de las estrellas en el cielo; comunícate con niños en otras partes del mundo. Recuerda, el mundo es un mejor lugar porque tú estás en él. Tú harás muchas cosas maravillosas a lo largo de tu vida, y todas ellas comienzan ahora, con tus esperanzas y sueños. Por lo tanto, sueña en grande. Los sueños son una parte muy importante de la niñez. Y no hay nada más lindo en el mundo que ser niño.

— Chris Kratt y Martin Kratt de los programas *Kratts' Creatures* y *Zoboomafoo* del canal de televisión de PBS

Ser niño significa ser llevado

Senegal

Nepal

por aquellos que te aman

Estados Unidos

Japón

Canadá

y pasar tiempo con
tu familia.

Portugal

Nepal

Filipinas

Israel

Ser niño significa ir a la escuela

República Sudafricana

Pakistán

Rusia

y aprender muchas cosas nuevas.

Filipinas

Etiopía

Islas Marshall

Ser niño significa caminar juntos a casa,

Bolivia

República
Sudafricana

compartir historias y cuentos,

Guatemala

Ecuador

tomar una merienda fría en un
caluroso día de verano,

Dinamarca

Bolivia

o marchar en un desfile.

Ecuador

Estados Unidos

Botsuana

Ser niño significa

India

Cuba

jugar a la pelota,

México

Antigua y Barbados

hacer carreras,

México

Francia

patinar,

Suiza

Suecia

montar el tiovivo,

Austria

o jugar juegos de mesa.

Francia

Nepal

Estados Unidos

Ser niño significa pintar bellos cuadros,

Polonia

República Sudafricana

India

compartir la alegría de
la música,

Perú

China

Filipinas

Irlanda

el alma.

India

*Estados
Unidos*

*Reino
Unido*

Ser niño significa cuidar los animales.

Estados Unidos

Japón

India

Haití

Mongolia

Ecuador

Ser niño significa pasar el tiempo haciendo travesuras

Madagascar

República Sudafricana

o haciéndose el gracioso.

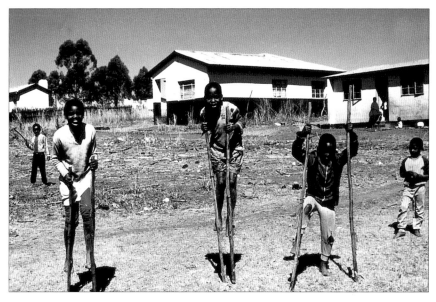

Suazilandia

Guatemala

Belice

Ser niño significa hacer amistades

China

Benin

Australia

que perduran toda la vida.

Omán

Mozambique

Estados Unidos

Ser niño

Las familias: A pesar de que las familias hablan en distintos idiomas y expresan las ideas de formas muy diferentes, el amor, los cuidados y el cariño son comunes a todas las distintas culturas. Tú puedes tener uno o dos padres. Tú puedes vivir con tus abuelos, con tu tío o con tus primos. No importa cómo sea, las familias siempre están para ayudarte durante tu crecimiento y para protegerte.

La escuela: Tus incesantes preguntas pueden ser contestadas en la escuela. Algunos salones de clase tienen mesas largas y sillas, otros tienen computadoras y pizarras. Algunos están afuera y otros, inclusive, pueden estar en la casa. Dondequiera que tú estés, tus maestros te ayudarán a aprender acerca del mundo y te animarán a descubrirlo y explorarlo.

Actividades después de la escuela: Con los amigos de tu escuela, de tu vecindario o de tu villa, la aventura está a la vuelta de la esquina. Tú puedes leer tu libro favorito, marchar en un desfile o tomar clases de música. Quizás te guste ser voluntario en tu tropa de los Niños Exploradores o investigar el mundo que te rodea.

Los juegos: A través de los deportes y de los juegos, tú puedes aprender nuevos talentos y destrezas. Alrededor del mundo, los niños y niñas juegan deportes como el fútbol, el críquet y la pelota. Corren muy rápido y mantienen el equilibrio cuando patinan. Jugando aprendes a cooperar cuando estás en un equipo para dar siempre lo mejor.

Las artes: ¿Has bailado alguna vez un baile irlandés o escuchado música de diferentes países? La imaginación y la creatividad se manifiestan de muy diversas formas. De la pintura a la música, al baile y la escritura, la creatividad en las distintas partes del mundo se expresa de formas muy diferentes.

Los animales: Muchos de ustedes tienen animales y cuidan de ellos. No importa si tienes perros o gatos, caballos o monos, tú los alimentas, los bañas y los cuidas si están enfermos. También juegas y te entretienes con ellos por largas horas. Tener un animal significa mucha responsabilidad, pero también es muy divertido.

Las diversiones: En todas partes del mundo, a todos nos gusta divertirnos. Quizás tú disfrutas trepándote a un árbol o meciéndote en un columpio o simplemente poniendo caras graciosas. Cuando haces travesuras en la playa o te balanceas en un subi-y-baja con tus amigos, te ríes a más no poder.

Los amigos: Los amigos hablan, ríen, trabajan y juegan dondequiera que vivan. Comparten descubrimientos, secretos y meriendas favoritas. Los verdaderos amigos se ayudan unos a otros, escuchándose y comprendiéndose. Los amigos son muy importantes en la vida.

Ser niño está dedicado a la "séptima generación de niños en esta Tierra".

Reconocimientos

Deseo agradecer a los amigos y compañeros de "SHAKTI for Children". Especialmente quiero agradecer a John Ivanko por dejarme saber acerca de este excelente proyecto; a todos los fotógrafos por creer en este proyecto; a Olateju Omolodun de "SHAKTI for Children" por su capacidad creativa; y a la mesa directiva de "SHAKTI for Children". Me gustaría también agradecer a Brent Farmer, editor de Charlesbridge, quien reconoció la grandeza de nuestra visión y nos dio la bienvenida a la familia Charlesbridge.
—*Maya Ajmera*

Quiero agradecer a mi esposa, Lisa Kivirist, a mi mamá Susan K. Ivanko y a todos los niños del mundo, quienes abrieron sus corazones y me dieron la bienvenida con sus sonrisas y me permitieron entrar en el alegre mundo de la infancia. Más importante aún, fue un placer y una inspiración creativa, el haber tenido la oportunidad de trabajar con Maya Ajmera y compartir su misión de lo que el mundo puede llegar a ser, un niño a la vez.—*John Ivanko*

Ambos queremos agradecer a nuestra maravillosa editora, Kelly Swanson y Mary Ann Sabia, vice presidenta de Charlesbridge, por su sabiduría y dirección en "Ser niño". Por su ayuda y por sus sabias palabras, agradezco a Peter Blomquist, Christina Prather y Howard Schultz de "Starbucks Coffee Company"; Susan McLennan, Chris Kratt y Martin Kratt de Paragon; y Elaine Griffin.

La ayuda financiera para poder hacer este libro provino de "Teddie y Tony Brown Fund", de "echoing green Foundation", de "Grace Jones Richardson Trust" y de "Z. Smith Reynolds Foundation". La ayuda financiera para la edición española provino de "W.K. Kellogg Foundation".

Agradecemos a todas las personas que cooperaron en este libro. Cualquier error de este libro es responsabilidad de los autores.

Fotos: *Tapa delantera:* © 1998, Jon Warren; *Tapa de atrás:* © International Public Affairs Branch of the Australian DEAT; *Página de título:* © Elaine Little; *Introducción:* todos © Paragon Entertainment; *Las familias:* © Steven G. Herbert; © John D. Ivanko; © Elaine Little; © John D. Ivanko; © Mary Altier; © Elaine Little; © Elaine Little; © Stephen Chicoine; © John D. Ivanko; *La escuela:* © Elaine Little; © Siteman/ Monkmeyer; © 1998, Jon Warren; © Isaiah Mosteller; © Elaine Little; © Mary Altier; *Después de la escuela:* © John D. Ivanko; © Elaine Little; © John D. Ivanko; © John D. Ivanko; © John D. Ivanko; © John D. Ivanko; © John D. Ivanko; © Jane Lombardo; © John D. Ivanko; *Los juegos:* © John D. Ivanko; © Mary Altier; © Jesse Ward Putnam; © Steve Macauley; © Steve Macauley; © Maya Ajmera; © Elaine Little; © Elaine Little; © John D. Ivanko; © Maya Ajmera; © John Moses; © John D. Ivanko; *Las artes:* © Elaine Little; © Elaine Little; © Michelle Burgess; © John D. Ivanko; © Elaine Little; © John D. Ivanko; © Elaine Little; © Watson/Childreach; © MacPherson/Monkmeyer; © Mary Altier; *Los animales:* © John D. Ivanko; © Maya Ajmera; © John D. Ivanko; © Lisa Ponzetti; © Richard A. Foster; © Elaine Little; *Las diversiones:* © Gretchen Young; © Elaine Little; © Watson/Childreach; © John D. Ivanko; © Christopher C. Szell; *Los amigos:* © Stephen Chicoine; © International Public Affairs Branch of the Australian DEAT; © 1998, Jon Warren; © Elaine Little; © Christine Drake; © Robert Hitzig; *Página de derechos:* © Lisa Ponzetti.

Ser niño es un proyecto de SHAKTI for Children, una organización sin fines de lucro, dedicada a enseñar a los niños a valorar la diversidad, y crecer siendo ciudadanos productivos y atentos del mundo. SHAKTI for Children es un programa del The Global Fund for Children (www.globalfundforchildren.org).

Translation by Maria C. Garcia
Translation copyright © 2000 by Charlesbridge Publishing
Copyright © 1999 by SHAKTI for Children
Foreword copyright © 1999 by Chris Kratt and Martin Kratt
All rights reserved, including the right of reproduction in whole or in part in any form.

Published by Charlesbridge Publishing
85 Main Street, Watertown, MA 02472
(617) 926-0329 • www.charlesbridge.com

Developed by SHAKTI for Children
The Global Fund for Children
1101 14th Street N.W., Suite 910, Washington, D.C. 20005
(202) 331-9003 • www.shakti.org

Details about the donation of royalties can be obtained by writing to Charlesbridge Publishing and The Global Fund for Children.

LIBRARY OF CONGRESS CATALOGING-IN-PUBLICATION DATA
Ajmera, Maya.
  [To Be a Kid, Spanish]
  Ser niño/Maya Ajmera y John D. Ivanko; con una introducción por Chris y Martin Kratt de los programas de PBS Kratt's creatures y Zoboomafoo.
    p. cm.
  Summary: Text and photographs from countries around the world present activities that children everywhere have in common.
  ISBN 0-88106-136-0 (softcover)
  1. Children—Social conditions—Juvenile literature. 2. Children—Social life and customs—Juvenile literature. 3. Children—Pictorial works—Juvenile literature. [1. Manners and customs. 2. Cross-cultural studies. 3. Spanish language materials.]
  I. Ivanko, John D. (John Duane), 1966–. II. Shakti for Children (Organization)
  HQ781.A2718   2000
  305.23—dc21   99-048025

Printed in South Korea
10 9 8 7 6 5 4 3 2

To Be a Kid was designed and composed in Bitstream's Calligraphic 810 by Kachergis Book Design, Pittsboro, North Carolina.

This book was printed and bound by Sung In Printing, South Korea.

Other SHAKTI for Children Books

Children from Australia to Zimbabwe: A Photographic Journey around the World
  by Maya Ajmera and Anna Rhesa Versola (Charlesbridge, 1997)
Extraordinary Girls by Maya Ajmera, Olateju Omolodun, and Sarah Strunk (Charlesbridge, 1999)
Let the Games Begin by Maya Ajmera and Michael J. Regan (Charlesbridge, 2000)
Xanadu, The Imaginary Place: A Showcase of Writings and Artwork by North Carolina's Children edited by Maya Ajmera and Olateju Omolodun (1999)